Vorschule

Schwünge ÜBEN

Von Julia Meyer
Illustrationen von Manfred Tophoven

TESSLOFF

Bogen

→ Spure die Sprünge der Grashüpfer nach. Welcher Grashüpfer kann am höchsten springen? Kreise ihn ein.

➡ Zeichne Fäden an die Kugeln, damit sie nicht herunterpurzeln! Male den Baum dann bunt aus.

Kreise

→ Hase Hops macht Seifenblasen. Spure sie in bunten Farben nach. Male noch zwei große und zwei kleine Seifenblasen dazu.

→ Nimm einen blauen Stift und spure die Wellen nach.

Dreiecke

→ Die sieben Zwerge haben ihre Mützen vergessen. Kannst du ihnen welche malen? Male dann die Zwerge aus.

→ Spure die Wege der Käfer nach.

→ Marienkäfer brauchen Punkte! Nimm einen schwarzen Stift und male welche auf die Flügel. Du darfst selbst bestimmen, wie viele.

Zickzacklinien

→ Spure die Stacheln des Dinos nach.

→ Zeichne im Zickzack von Punkt zu Punkt.

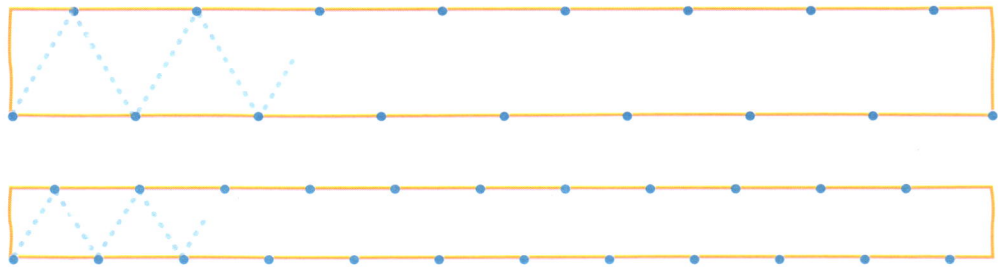

→ Spure die Häuser der Schnecken in bunten Farben nach.

Gerade Linien

➔ Der Affe sucht den Weg zu seinem Bananenvorrat. Hilfst du ihm? Zeichne den Weg ein. Versuche, den Rand nicht zu berühren.

➔ Spure die Schuppen des Fisches in bunten Farben nach.

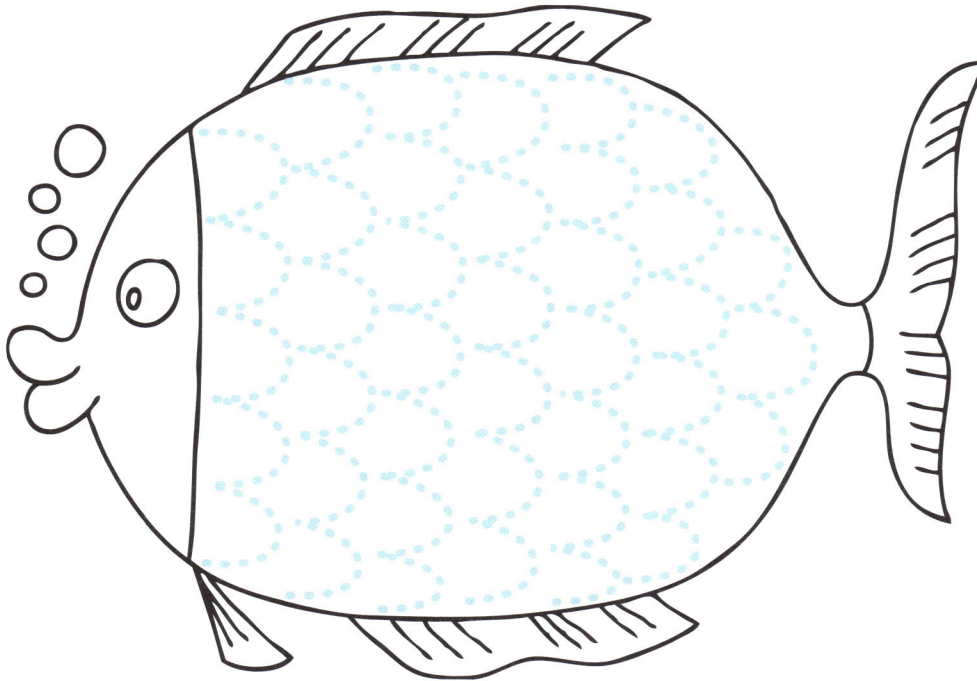

➔ Zeichne Bogen. Die Punkte helfen dir.

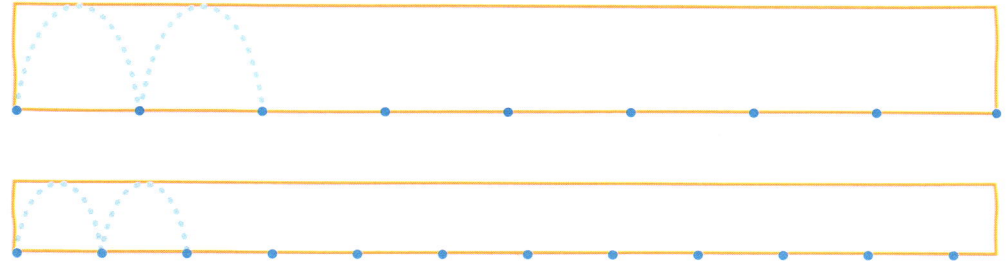

Kreise

→ Zeichne Räder an die Fahrzeuge.

→ Die Mäuse fahren im Slalom um die Hütchen. Zeichne ihre Wege ein.

Zackige Formen

→ Spure die Sterne nach. Manchmal fehlt noch eine Zacke. Male sie dazu.

→ Male die Sterne gelb aus, damit sie schön funkeln!

→ Verfolge die Linien mit einem Stift und male das gleiche Bild in den Rahmen. Nimm für jede Linie eine andere Farbe.

Gekreuzte Linien

→ Der Bäcker schneidet Kreuze in die Brötchen, damit sie beim Backen schön luftig aufgehen. Hilf ihm!

➜ Spure die Kringelbänder nach und male sie noch ein Stück weiter. Male die Päckchen aus.

Zickzacklinien

→ Die Hasen laufen im Zickzack über das Feld. Zeichne
ihre Wege ein. Die Punkte helfen dir dabei.

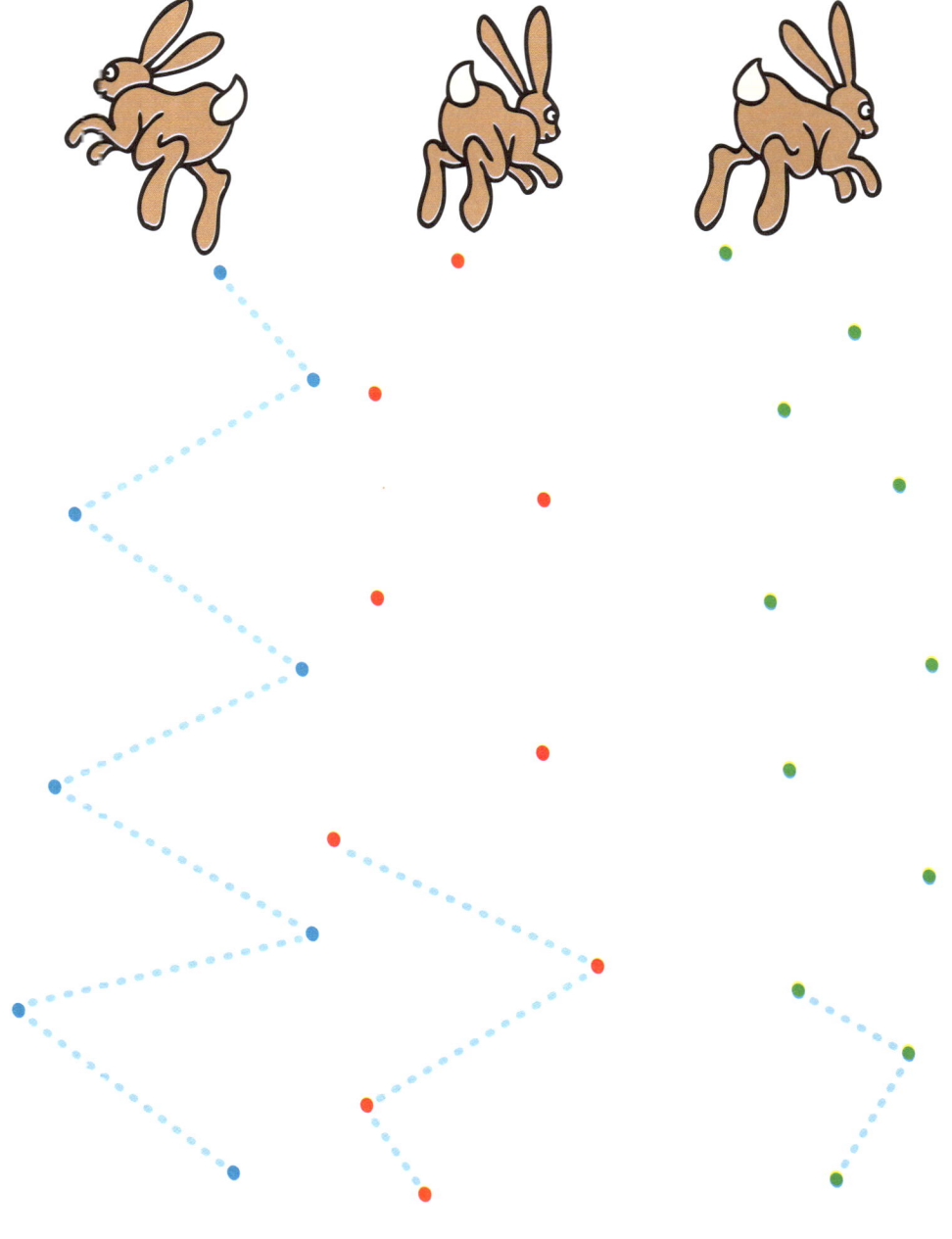

→ Diese Mappe ist für dich. Schreibe deinen Namen
auf das Schild oder male ein Bild von dir. Verziere die
Mappe mit vielen bunten Kringeln.

Bogen

→ Male den Schmetterlingen bunte Flügel.

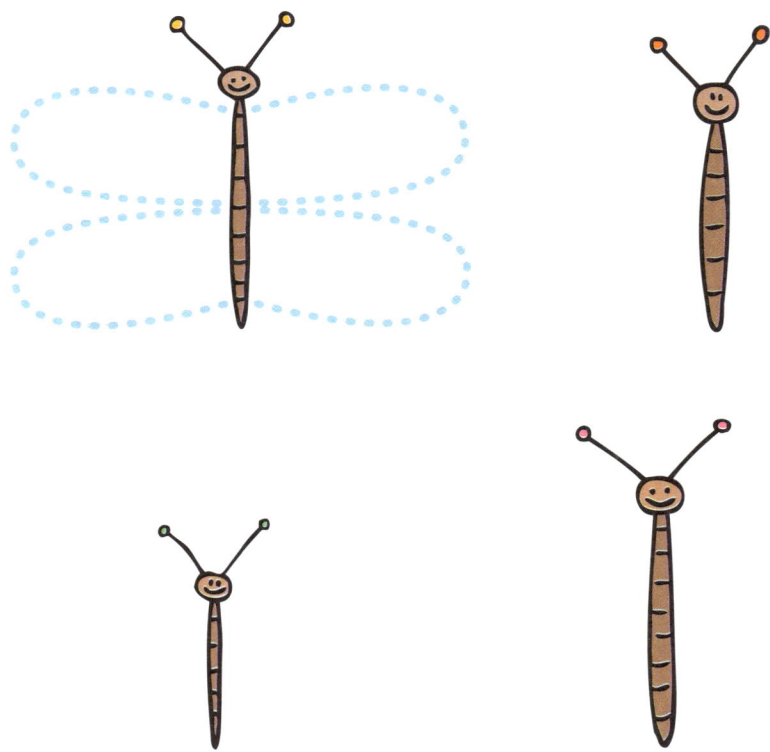

→ Zeichne Bogen. Die Punkte helfen dir.

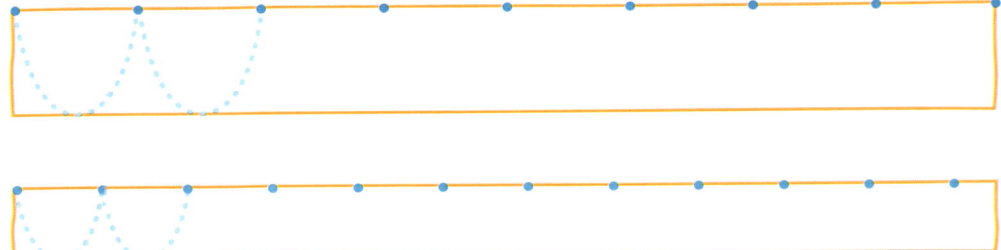

→ Spure die Zinnen der Burgmauern nach.

→ Drei kleine Gespenster haben sich im Bild versteckt. Findest du sie? Kreise sie ein.

Achten

→ Die Maus fährt eine Acht. Spure ihre Bahn mit vielen
Farben nach. Folge dabei den Pfeilen.

→ Jetzt möchten auch die anderen Mäuse eine Acht fahren. Zeichnest du ihnen die Wege vor?

Eckige Formen

→ Alle Häuser sollen so aussehen wie das Haus ganz oben. Male dazu, was fehlt.

→ Male auf jeden Luftballon ein lustiges Gesicht und spure die Bänder nach.

→ Zeichne Wellen.

Gekreuzte Linien

→ Hurra, es schneit! Spure die Schneeflocken nach und male noch welche dazu. Male dann das Bild aus.

➜ Heute wird gefeiert! Spure die Luftschlangen in bunten Farben nach.

➜ Zeichne selbst eine Luftschlange in den Rahmen.

Ovale

→ Spure die Ostereier nach und male sie dann bunt aus.
Wo versteckt sich der Osterhase?

→ Zeichne selbst Ostereier.

→ Nimm in jede Hand einen Stift und spure gleichzeitig beide Hälften nach. Versuche es ein paar Male.

Spiralen und Wellen

→ Wasser marsch! Spure die Feuerwehrschläuche mit einem blauen Stift nach.

→ Zeichne die Girlanden fertig: Spure die Wimpel nach und male sie immer so aus:

→ Wie viele Vögel gibt es auf dem Bild? Zähle nach.

Zickzack, Wellen und Kreise

→ Male schöne, bunte Muster auf die Ostereier.

→ Kannst du helfen, das Dach zu reparieren? Spure die Dachziegel nach und male sie weiter.

→ Ist das Dach fertig? Dann kann es jetzt kräftig regnen. Male dicke Regentropfen an den Himmel.

Gerade Linien

→ Hase Hops liebt Streifen. Male ihm bunte Streifen auf seine Sachen.

➜ Hier werden wilde Loopings geflogen! Spure die Wege der Flugkünstler nach.

Kreise und Kreuze

→ Hilfst du mit, den Zaun fertig zu bauen? Male auf jede
Zaunlatte zwei Schrauben. Male den Zaun dann aus.

→ Zeichne Kreuze.

→ Spure den Lolli nach. Welche Farbe möchtest du nehmen? Rot für Erdbeergeschmack? Blau für Blaubeere? Oder gelb für Zitrone?

Spiegelbildlich zeichnen

→ Male die zweite Hälfte dazu.

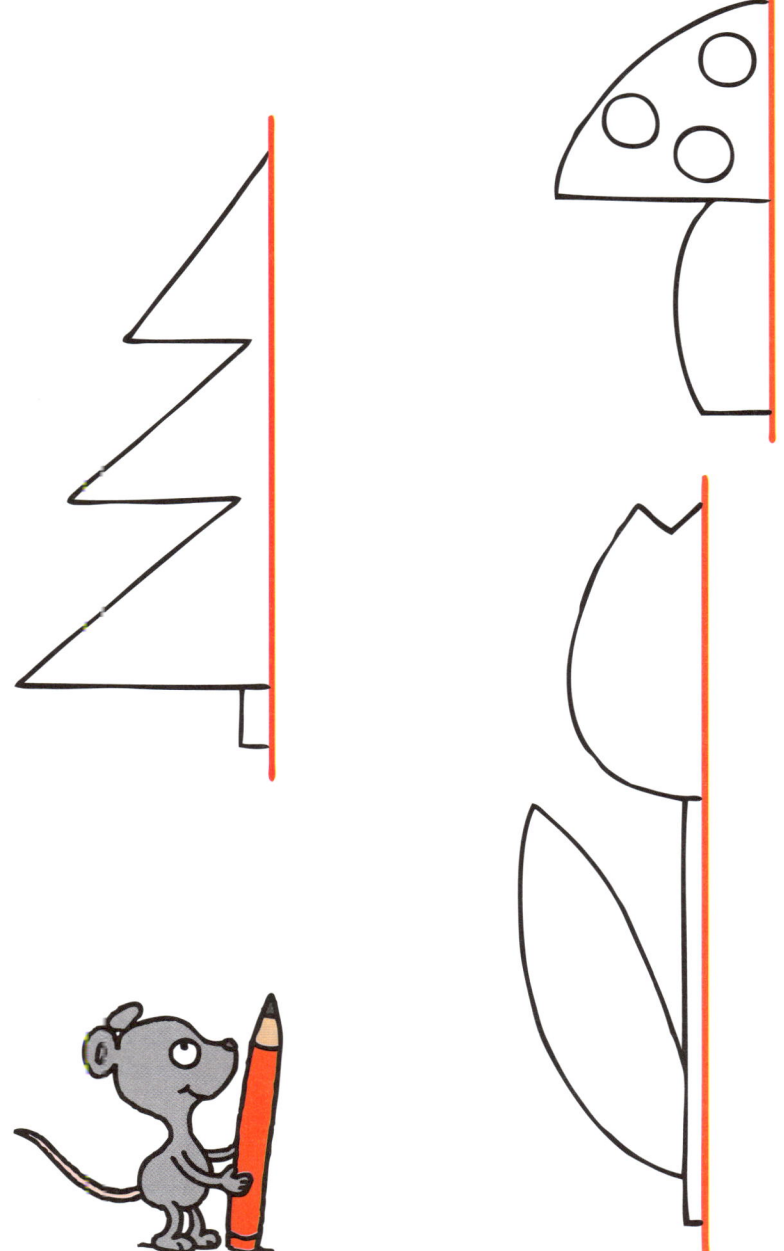

→ Was für ein prächtiges Geweih! Kannst du es nach-spuren? Nimm eine braune Farbe, wenn es aussehen soll wie in Wirklichkeit. Nimm viele bunte Farben, wenn der Hirsch im Märchenwald leben soll.

Schleifen

→ Spure die Schleifen der Achterbahn nach. Versuche, den Rand nicht zu berühren.

→ Zeichne Schleifen.

→ Male von Punkt zu Punkt. Verbinde die Punkte in dieser Reihenfolge:

△ – ○ – □ – ℮

→ Male der Eule ein schönes Federkleid.

→ Welche Formen fehlen auf der Kette? Male sie in die Lücken.

Zackige Linien und Bogen

→ Die Hexe lässt es kräftig gewittern! Spure die Wolken nach und male sie grau aus. Spure auch die Blitze nach und male noch ein paar gelbe Blitze dazu.

Tropfenformen, gerade Linien und Kreise

→ Spure so viele Flammen nach, wie du alt bist.
Fertig? Dann darfst du die Torte schmücken.
Male bunte Zuckerstreusel und Schokolinsen.

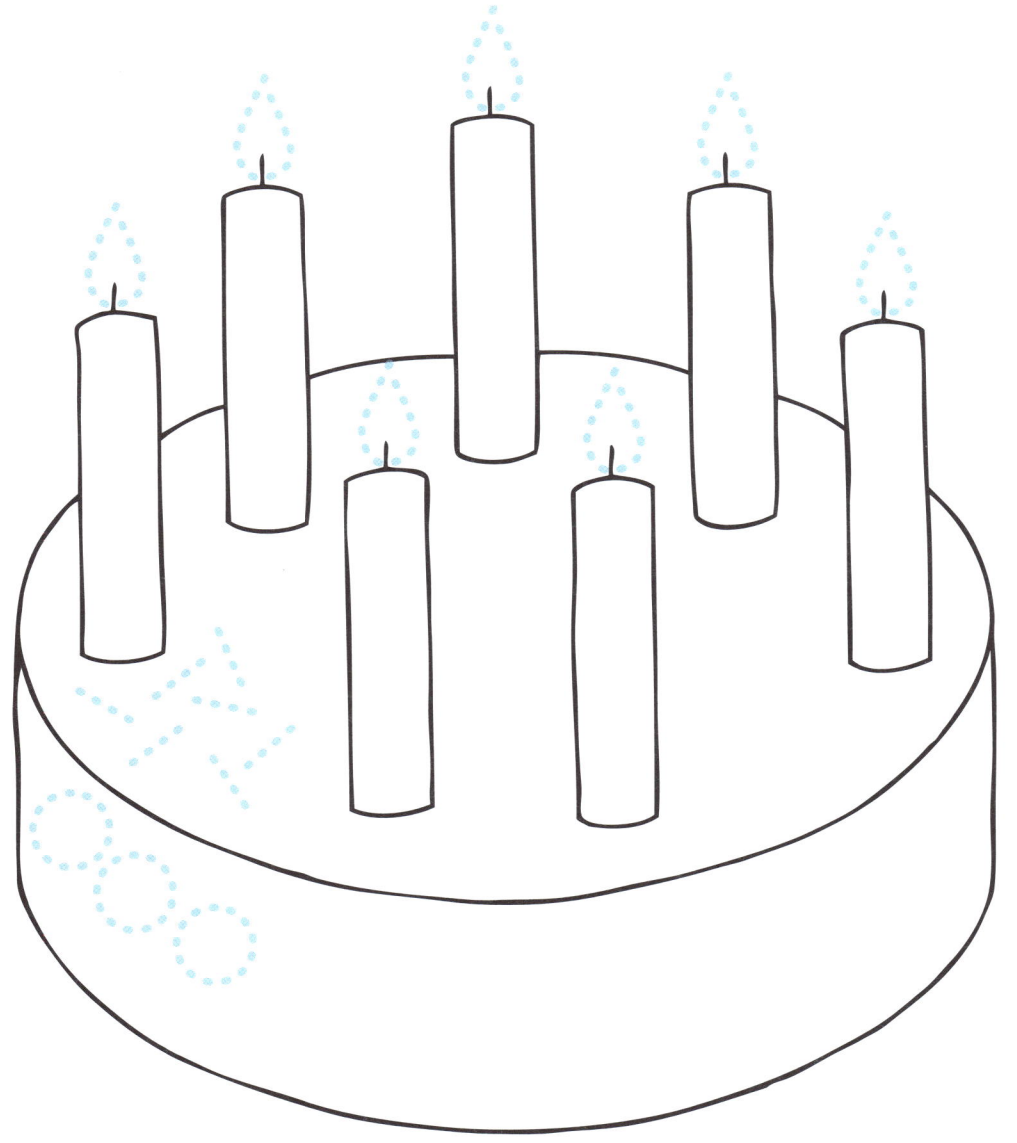

Spiralen

→ Male den Schafen ein flauschiges Fell: Spure die Locken nach und male noch welche dazu.

➔ Spure die Pflaumen mit einem blauen Stift nach und male noch welche dazu. Die Vögel freuen sich schon auf die leckeren Früchte!

Zickzacklinien

→ Spure alle Zickzacklinien nach: die Stacheln des Igels
und die Haare des Koboldes, die Löwenmähne und
das Gras. Suche dir passende Farben aus.